Gesetz der Anziehung

Manifestiere alle deine Wünsche

Inhaltsverzeichnis

Einleitung

Das Universum ist groß. Es ist alles, was du dir vorstellen kannst und doch reicht die menschliche Vorstellungskraft nicht aus, um es auch nur annähernd zu erfassen. Wer kennt nicht dieses Gefühl, in einer besonders klaren Nacht zum Sternenhimmel empor zu blicken und zu realisieren, dass es so viel mehr gibt, als unsere Erde? Als "kleiner" Mensch in diesem großen Universum bekommt man leicht den Eindruck, keinen Einfluss zu haben und, in Anbetracht der unendlichen Möglichkeiten, vollkommen machtlos ausgeliefert zu sein. Das Unbekannte macht uns Angst, erst recht, wenn es so allumfassend und unausweichlich ist, wie das Universum. Doch das Universum ist kein Gegner. Es existiert einfach. Und wir existieren mit und in ihm. Wir können uns den Einflüssen des Universums nicht entziehen. Sie wirken auf jeden von uns und zu jeder Zeit. Doch das ist keine Einbahnstraße. Durch unsere Taten, Gedanken und Gefühle, kommunizieren wir mit dem Universum. Wir stehen ständig mit ihm in Verbindung und können durchaus großen Einfluss darauf haben, was in unserem Leben passiert -

indem wir die Kraft der Anziehung verstehen und lernen, sie zu nutzen.

Kapitel 1: Das Prinzip

Der Begriff des Gesetzes der Anziehung, auch Gesetz der Resonanz genannt, wurde 1877 erstmals von der Okkultistin Helena P. Blavatsky schriftlich begründet. Seither wurde er sowohl von Wissenschaftlern, als auch von Anhängern der Esoterik, immer wieder aufgegriffen und unterschiedlich ausgelegt. Das Grundprinzip ist simpel: innerhalb des gesamten Universums wird Positives von Positivem angezogen und Negatives von Negativem. Das Gesetz der Anziehung im Universum ist hierbei ebenso beständig wie andere Naturgesetze, beispielsweise das Gesetz der Schwerkraft auf der Erde. Es gilt für Alles und Jeden im selben Maße, zu jeder Zeit und ganz gleichgültig, ob derjenige daran glaubt oder gar überhaupt nichts davon weiß. Wer auf der obersten Sprosse einer Leiter den Halt verliert, wird fallen, auch wenn er überzeugt davon ist, dass die Schwerkraft nicht existiert. Ebenso verhält es sich mit der Kraft der Anziehung. Sie existiert, ob man will oder nicht. Warum sie sich also nicht zu Nutzen machen? Viele Menschen haben dies mittlerweile erkannt und haben es geschafft, ihr Leben dadurch nachhaltig zu verbessern.

Motivationstrainer und Lebensberater arbeiten mit Methoden, die auf dem Gesetz der Anziehung beruhen und Filme wie "The Secret" (2007) machen das Prinzip für die breite Masse zugänglich und bekannt. Es handelt sich also längst nicht nur um eine absurde Idee aus einem verstaubten Hexenbuch. Auch für Menschen, die mit Esoterik und Übersinnlichem nicht viel anzufangen wissen, lohnt es sich, sich einmal genauer mit dem Anziehungsgesetz des Universums zu befassen.

Was steckt dahinter?

Um das Gesetz der Anziehung zu verstehen, hilft es, sich zunächst mit einigen Aspekten der Hermetik zu beschäftigen. Die Hermetik verdankt ihren Namen Hermes Trismegistos, einer Gestalt aus der griechisch-ägyptischen Mythologie, die als Verfasser der alten hermetischen Schriften gilt. 1908 wurde ein bis heute bekanntes Werk mit dem Titel "Kybalion" veröffentlicht, in dem sieben hermetische Prinzipien festgehalten sind. Vier dieser hermetischen Prinzipien tragen maßgeblich zum Verständnis des Universums bei. Die Grundvoraussetzung für alles Folgende ist das erste Prinzip, das besagt, dass das Universum geistig ist. Das bedeutet, das Universum kann wahrnehmen und in einer Weise auf das Empfangene reagieren. Es ist also nicht das "große Nichts", sondern vielmehr das "große Alles". Das zweite Prinzip erläutert, dass das "Innen" und das "Außen" sich gegenseitig spiegeln. Demnach können selbst geringfügige Veränderungen im Inneren des Menschen, beispielsweise in seinen Gedanken, zu Veränderungen in seiner Empfindung und der Wahrnehmung seines Lebens, also seiner Realität, führen und andersherum. Wenn man bedenkt, dass Realität kein klar definierter Zustand ist und jeder seine eigene Version davon erlebt, ergibt es Sinn, dass Gedanken die eigene Realität beeinflussen und ändern können. Im dritten Prinzip geht es um Schwingung. Innerhalb des gesamten Universums gibt es nichts, das komplett ruht. Ganz im Gegenteil: Alles bewegt sich, alles schwingt. Und jede Schwingung zieht Schwingungen mit identischen oder stark ähnlichen Frequenzen an. Für uns ist außerdem das sechste Prinzip, das Prinzip der Kausalität, von Bedeutung, welches den

Zusammenhang von Ursache und Wirkung erklärt. Demnach gibt es im Universum, trotz der unzähligen Möglichkeiten, keinen Zufall und keine Willkür. Alles was passiert, jedes kleine Geschehnis, muss ausgelöst werden, um einzutreten und löst damit das Nächste aus. Natürlich geschieht das in den meisten Fällen unbeabsichtigt. Wir lösen schon alleine durch unsere Existenz unzählige solcher Wirkungen aus, ohne uns dessen bewusst zu sein. Welche Wirkungen sind dann erst möglich, wenn wir ihre Ursachen gezielt herbeiführen?

Auf diesen grundlegenden Annahmen basiert das Gesetz der Anziehung.
Zusammengefasst bedeutet das also: unsere Gedanken und Gefühle, also unser "Inneres", sendet Schwingungen aus. Das Universum gibt daraufhin, gleichgültig gegenüber der Wirkung, gleiche Schwingungen zurück. Das Universum kennt dabei keine Differenzierung von "Gut" und "Böse", es kommt also genau das zu uns im Außen zurück, was wir aus dem Inneren heraus ausgesandt und damit verursacht haben. Du kennst bestimmt die Redewendung "mind over matter". Sie bedeutet nichts anderes, als dass unsere Gedanken und Gefühle die Kraft besitzen, unser Leben zu lenken und unsere subjektive

Realität zu verändern. Ein etwas älteres Sprichwort lautet "wie man in den Wald hineinschreit, so kommt es heraus." Auch diese Redewendung lässt sich auf die Kraft der Anziehung beziehen und ist in dieser Hinsicht schlüssig. Was du durch die Schwingungen, die du verursachst, ins Universum hinaus "schreist", kommt wie ein Echo vom Universum zu dir zurück.

Kapitel 2: Reise ins Innere

Dann müsste es ja ganz einfach sein, sein Leben mit einem Fingerschnippen zum Besseren zu verändern, nicht wahr? À la "Hallo Universum, ich hätte gerne 1 Million Euro und die Liebe meines Lebens. Wenn's geht noch vor heute Abend." Das funktioniert natürlich nicht, so schade es auch sein mag. Grundsätzlich kann aber jeder Mensch sein Leben durch die Kraft der Anziehung bewusst beeinflussen. Jeder, auch du! Allerdings ist dazu dann doch etwas mehr als ein Fingerschnippen nötig. Zunächst solltest du dir klar darüber werden, was genau du in deinem Leben verändern möchtest und welche Dinge dir besonders am Herzen liegen. Wichtig ist dabei, dass du dich nicht von Zielen beeinflussen lässt, die dir nur wichtig erscheinen, weil sie von der Gesellschaft als erstrebenswert angesehen werden. Auch Erwartungshaltungen, die dein soziales Umfeld - Freunde, Partner, Familie - an dich haben, solltest du hierbei bewusst außer Acht lassen. Du wirst dem Universum nichts vormachen können, denn deine Gefühle lassen sich nicht vor ihm verbergen. Wichtig ist, was DU dir von ganzem Herzen wünschst. Um herauszufinden, was genau das ist, kann es dir helfen, dich einmal ganz auf dich, deinen Körper, deine Gedanken und deine Empfindungen zu konzentrieren. Das Stichwort heißt hier Achtsamkeit. Es geht darum, dich selbst besser kennenzulernen. Denn nur wenn du dein Inneres erforschst und dich mit seinen Bedürfnissen vertraut machst, wirst du eine Änderung im Außen bewirken können. In diesem Kapitel zeige ich dir einfache Übungen, die dir dabei helfen sollen, dir selbst und damit auch deinen wahren Wünschen näher zu kommen. Bedenke dabei, dass du Wünsche nicht erzwingen kannst. Vielleicht fällt dir, umso besser du dich kennen lernst, auf, dass es ganz andere Dinge sind, nach denen dein Inneres sich sehnt, als du bisher angenommen hast.

Übungen

- Übung 1: Für die meisten Menschen, wahrscheinlich auch für dich, ist jeder Tag mit einer Vielzahl von Aufgaben und Pflichten gefüllt, die du zu erledigen hast. Wir leben in einer Welt, die sich immer schneller zu drehen scheint. Da bleibt oft gar keine Zeit, sich zu fragen, was man wirklich will - oder wahrzunehmen, welche Dinge man nur noch aus Verantwortungsbewusstsein oder Gewohnheit tut. Der Wecker klingelt, du drehst dich vielleicht noch ein Mal um, stehst auf, putzt dir die Zähne während du die Zeitung liest und trinkst deinen Kaffee auf dem Weg zur Arbeit. Und dort fängt der Tag ja erst richtig an! Stelle deinen Wecker morgen etwa 15 Minuten früher und lege schon heute Abend einen Stift und ein Blatt Papier neben deinem Bett bereit. Es ist wichtig, dass du bei dieser Übung nicht unter Zeitdruck gerätst. Trotzdem ist es empfehlenswert, sie Morgens direkt nach dem Aufwachen auszuprobieren, denn zu diesem Zeitpunkt bist du noch unbeeinflusst von allem, was der Tag bereithält. Denke nun bewusst NICHT an die Arbeit, den Zahnarzttermin oder das Geschenk für deine Kollegin, das du in der Mittagspause noch besorgen wolltest. Ja, das ist leichter gesagt als getan. Auf die Aufforderung "Denken Sie nicht an einen rosa Elefanten" hin, werden die meisten Menschen direkt den rosa Elefant vor Augen haben und ihn so schnell nicht wieder loswerden. Um das zu verhindern, ist es wichtig, dass du absolut entspannt bleibst. Bleib im warmen Bett liegen, schließe die Augen noch einmal. Zähle auf 30. Einatmen - eins, Ausatmen- zwei, Einatmen - drei, Ausatmen - vier, Einatmen - fünf, und so weiter. Konzentriere dich nur auf die Zahlen und deinen Atem. Spüre, wie er durch dich hindurchfließt. Wenn andere Gedanken kommen, dann versuche, sie vorbeiziehen zu lassen. Bleibe ganz bei den Zahlen und deiner Atmung. Wenn du bei 30 angekommen bist, stelle dir in Gedanken eine einzige Frage: was müsste heute passieren, damit es ein guter Tag wird? Schreibe höchstens drei Dinge auf und zwar die ersten drei, die dir in den Sinn kommen. Fällt dir nur eine Sache direkt ein, dann scheib nur diese eine auf. Der Gedanke soll aus dem Bauch heraus kommen und das funktioniert nur, wenn du dich selbst nicht unter Druck setzt. Wenn du merkst, dass du während deiner Überlegung abschweifst oder sich deine Gedanken an einem bestimmten Punkt 'festhaken' , kannst du sie wieder "einfangen", indem du von Neuem beginnst zu zählen. Du hast 15 Minuten, lass dir Zeit. Wenn du dieses Ritual öfters wiederholst, wird dir auffallen, dass du manche Dinge besonders häufig genannt hast. Diese geben dir einen Anhaltspunkt, wonach dein Inneres sich sehnt.

- Übung 2: Für diese Übung solltest du dir etwa eine Stunde Zeit nehmen, in der du nicht gestört wirst. Schalte dein Handy aus, suche dir einen Ort, an dem du unbeobachtet bist und lege wenn du magst beruhigende Musik auf. Wichtig: die Musik soll dafür sorgen, dass du dich wohlfühlst - sie sollte deine Aufmerksamkeit nicht auf sich lenken und dich insbesondere nicht emotional berühren oder gar aufwühlen. Ruhige Melodien und sanfte Töne ohne Text sind perfekt. Jetzt brauchst du nur noch ein leeres Blatt Papier und einige Buntstifte. Alternativ kannst du natürlich auch

Wasserfarben oder Ähnliches verwenden, je nachdem, was du am liebsten benutzt. Besinne dich kurz, indem du dich einige Minuten nur auf deine Atmung konzentrierst. Hierbei kann dir das Zählen aus Übung 1 wieder behilflich sein. Deine Aufgabe ist es nun, deine persönliche perfekte Welt zu zeichnen. Dort existieren nur Dinge und Personen, die DU dort haben willst. Und dabei gibt es keine Grenzen - nur die, die du selbst setzt. Es geht nicht darum, ein sinniges, hübsches Kunstwerk zu erschaffen, sondern ein Bildnis, das dich daran erinnert, was dir gut tut.

- Übung 3: Auch für diese Übung benötigst du Stifte und Papier, sowie etwa 30 Minuten Zeit. Überlege dir, aus welchen "Bausteinen" sich dein momentanes Leben zusammensetzt und wie viel Raum diese darin einnehmen. Beispiele hierfür sind deine Arbeit, Hobbys und nahestehende Menschen, aber auch Haustiere und alltägliche Erledigungen. Alles, was in deinem Leben eine Rolle spielt. Schreibe diese Dinge nieder. Je bedeutungsvoller der Baustein, desto mehr Raum soll er auf dem Blatt bekommen. Im zweiten Schritt der

Übung bestimmst du nun drei verschiedene Farben. Wähle eine Farbe, die dich positiv stimmt, eine, der du möglichst neutral gegenüber stehst und eine, die dich eher abstößt. Schaue dir jetzt nacheinander jeden deiner "Lebensbausteine" einzeln an, versuche bewusst zu spüren, was du dabei fühlst. Nun kreise die Worte in der Farbe ein, die dir am passendsten erscheint. Es gibt kein Richtig und Falsch. Möglicherweise scheinen dir bei einigen der Bausteine mehrere Farben zu passen - dann verwende beide, oder alle drei. Gefühle können parallel existieren und sich gegenseitig überschneiden und beeinflussen. Wenn du zufrieden mit deiner Farbgebung bist, kann es weiter gehen. Im letzten Schritt dieser Übung sollst du diese "Skizze deines Lebens" nur auf dich wirken lassen. Schaue dir das Gesamtbild an, lasse alle Gefühle und Gedanken, die dabei aufkommen, zu und versuche sie bewusst zu spüren. Welche Farbe(n) würdest du dem Gesamtbild geben? Wenn du diese Übung widerholst, musst du nicht von Neuem beginnen. Verwende die schon vorhandene Skizze, spüre und korrigiere, was dir in diesem Moment nicht mehr "richtig" erscheint. Du wirst feststellen, dass die meisten deiner Bausteine von Zeit zu Zeit ihre Farbe ändern, Farbe verlieren oder ein weiterer Farbton hinzukommt. Dein Leben und deine Gefühle und Gedanken dazu, sind nicht in Stein gemeißelt, sondern befinden sich im stetigen Fluss.

- Übung 4: Diese Übung empfiehlt es sich für beispielsweise eine Woche täglich zu machen. Aber keine Sorge, sie benötigt nicht viel Zeit, sondern lässt sich einfach in deinen Alltag integrieren. Alles was du brauchst, sind drei kleine Steine (oder Murmeln, Knöpfe, Erbsen...), die für diese Woche deine treuen Begleiter sein werden. Zu Beginn des Tages verstaust du sie in deiner linken Hosentasche. Immer wenn dir über den Tag ein positives Gefühl oder ein positiver Gedanke begegnet, versuche ihn bewusst wahrzunehmen und nehme einen der Steine aus der linken Tasche und befördere ihn in die Rechte. Wenn du ein Gefühl oder einen Gedanken als negativ wahrnimmst, wandert ein Stein von rechts zurück nach links. Begegnen dir nacheinander mehr als drei positive oder drei negative

Eindrücke, ist beim vierten natürlich kein Stein mehr da, den du bewegen könntest. Natürlich könntest du tausend Steine herumschleppen, um alle Gedanken und Gefühle stets ordnen zu können. Es geht allerdings weniger darum, wie viele der Gedanken und Gefühle eher positiv oder eher negativ sind, sondern lediglich darum, sie bewusst wahrzunehmen und mit den Steinen als Stütze für den Moment einzuordnen.

- Übung 5: Den meisten Menschen fällt es leichter zu definieren, was sie nicht wollen, als festzulegen, was sie wollen. Vergessen wir also für einen Moment all die Positivität und widmen uns für kurze Zeit direkt den negativen Dingen. Nehme ein Blatt Papier und einen Stift zur Hand und erstelle eine Liste der Dinge, die du auf KEINEN Fall erleben oder besitzen möchtest. Anstatt dich daraufhin aber ausführlicher mit diesen negativen Möglichkeiten auseinanderzusetzen, versuche nun gleich im Anschluß, für jedes Negativbeispiel ein positives Gegenbeispiel zu finden. Hast du beispielsweise "Krankheit" als etwas nicht erstrebenswertes für dich notiert, wäre "gute Gesundheit" der entsprechende positive Wunsch. Schreibe die Wünsche, die du so herausarbeitest, auf ein separates Blatt Papier und verabschiede dich bewusst von deinen Ängsten und Befürchtungen, indem du die zu Beginn der Übung angefertigte Negativ-Liste symbolisch verbrennst, aus dem Autofenster wirfst, in kleinste Teile zerfetzt oder in einen Fluss wirfst und zusiehst, wie sie verschwindet.

- Übung 6: Pack eine Decke ein und unternimm einen Ausflug in die Natur. Die frische Luft hilft, den Kopf frei zu bekommen und in der Natur fällt es vielen Menschen leichter, zur Ruhe zu kommen. Suche dir einen Platz, an dem du ungestört bist und an dem du dich wohlfühlst. Vielleicht am Rande eines Waldes, neben einer schönen Blumenwiese oder an einem Flussufer. Schaue dich um und betrachte deine Umgebung achtsam. Versuche bewusst, die Schönheit der Natur zu erfassen und erinnere dich, dass auch du ein Teil dieser Natur bist - und sie ist ein Teil von dir. Nimm dir von jedem Ausflug ins Grüne eines oder mehrere kleine Souvenirs mit: Blumen, besonders hübsche Steine, interessante Zweige oder würzig duftende Gräser. Diese kannst du Zuhause in einer kleinen Schachtel oder Ähnlichem aufbewahren und dir ansehen, wann immer du das Bedürfnis hast, dich an deine Verbundenheit mit der Natur dieser Erde zu erinnern.

- Übung 6: Diese kurze Übung lässt sich immer und überall durchführen und dauert jeweils nur einen Augenblick. Halte mehrmals am Tag kurz inne und frage dich, wie es dir geht und was dir jetzt gerade gut tun würde. Im Alltag kann es schnell passieren, dass du verpasst, wie du dich bei all dem Trubel eigentlich fühlst. Viele Menschen sind außerdem recht anfällig dafür, die eigenen Empfindungen mal eben hinten an zu stellen, weil andere, fälschlicherweise als wichtiger betrachtete, Dinge dringend die Aufmerksamkeit fordern. Also egal ob auf dem Weg zur Arbeit, unter der Dusche, in der Umkleidekabine beim Shoppen, gemütlich auf der Couch oder unterwegs mit Freunden - besinne dich kurz auf dich selbst und spüre, wie du dich in diesem Moment fühlst.

- Übung 7: Nimm dir am Ende des Tages, bevor du zu Bett gehst, 20 Minuten Zeit. Lege dich auf den Rücken, achte darauf, dass jedes deiner Körperteile bequem liegt. Denke an den vergangenen Tag zurück. Was ist dir besonders stark in Erinnerung geblieben? Bestimmte Dinge werden dir automatisch sofort durch den Kopf schießen. Das sind in der Regel die Dinge, die emotional die größte Bedeutung für dich haben. Vielleicht kommt dir als erstes ein Streitgespräch in den Sinn, das dich sehr verärgert hat. Oder du hattest ein schönes Abendessen mit Freunden und hast dich gut amüsiert. Vielleicht fällt dir aber auch etwas scheinbar absolut banales, wie ein guter Witz oder eine beiläufige blöde Bemerkung von einer Kollegin ein. Spüre, was du bei der Erinnerung empfindest. Ist es ein warmes oder kaltes Gefühl oder hat es keine Temperatur für dich? Fühlt es sich schwer oder leicht an? Ist es lokal irgendwo besonders stark spürbar (z. B. in der Brust, im Bauch, im Kopf)? Beobachte auch, ob das Gefühl etwas bei deinem Körper auslöst. Entspannen sich deine Muskeln oder sind sie eher angespannt? Schlägt dein Herz vielleicht schneller oder kannst du besonders frei atmen? Und zuletzt: empfindest du das Gefühl als angenehm? Die bedeutsamsten Ereignisse des Tages "über das Gefühl" zu reflektieren soll dir dabei helfen, den Zusammenhang zwischen deinen Gefühlen, Gedanken und den Ereignissen an diesem Tag zu verstehen. Genauso wichtig ist es aber auch, Gefühle und Gedanken bewusst wieder gehen zu lassen. Schließe die Übung deshalb damit ab, dass du dich gedanklich von den Erinnerungen und damit verbundenen Gefühlen distanzierst. Du kannst dir beispielsweise vorstellen, wie du sie in eine Wolke packst, die beginnt immer höher zu steigen und alles mit sich hinfort trägt. Probiere ruhig verschiedene Vorstellungen aus, um das beste Bild für dich zu finden. Der Fantasie sind dabei keine Grenzen gesetzt. Alternativ kannst du auch die Technik aus Übung 1 anwenden, indem du dich auf deine Atmung besinnst und in Gedanken rückwärts zählst, also von 30 auf 0. Einatmen - 30, Ausatmen - 29, Einatmen - 28. Stell dir vor, wie mit jedem Ausatmen ein bisschen mehr der Einflüsse des heutigen Tages aus dir herausströmen. Spüre jede Zahl, jeden Atemzug, jedes Entweichen der Luft aus deinem Körper. Versuche dich nur darauf zu konzentrieren, was in diesem Moment geschieht. Wenn du bei 15 angekommen bist, sei ganz beim fünfzehnten Atemzug, denn weder der 14. noch der 16. existieren in diesem Moment.

Für all diese Übungen gilt: sie beziehen sich auf deine Gedanken und Gefühle, daher gibt es kein "richtiges" oder "falsches" Ergebnis. Sie sollen dir helfen, herauszufinden, was dir gut tut, was dir wichtig ist und was dich glücklich macht. Dabei ist es wichtig, dass du dich nicht von Erwartungen - auch nicht von deinen eigenen - unter Druck setzen lässt. Gehe vielmehr mit Neugier und Interesse an die Sache heran und betrachte sie als eine Reise zu dir selbst, auf dem Weg zur Erfüllung deiner Wünsche. Wenn du dich bei einer Übung unwohl fühlst oder den Eindruck hast, dass sie dir nicht gut tut, dann lasse sie einfach aus. Die Übungen sind lediglich Vorschläge dafür, wie du dich besser mit deinem Inneren vertraut machen kannst. Da jeder Mensch Dinge unterschiedlich erlebt und wahrnimmt, ist es vollkommen normal, wenn dir die ein oder andere Übung etwas schwerer fällt, eine weitere dagegen umso leichter. Es geht darum, auszuprobieren, was für dich funktioniert - und was eben nicht. Erwarte auch nicht, nach jeder Übung sofort eine Erkenntnis über deine Wünsche und Bedürfnisse zu erhalten. Jeder Lern- und Erfahrungsprozess erfordert Zeit, die du dir geben musst.

Kapitel 3: Wünsch' dir was!

Mit Hilfe der Übungen konntest du ein bisschen mehr darüber herausfinden, was dir wichtig ist und was du dir wünschst. Nun ist es an der Zeit, die Kraft der Anziehung zu nutzen, damit es keine bloßen Wünsche bleiben müssen. Einen Wunsch zu manifestieren bedeutet, ihn Kraft der Gedanken zu realisieren, beziehungsweise zur Wirklichkeit werden zu lassen. Behalte dafür immer im Kopf: Gleiches zieht Gleiches an. Das darf aber nicht falsch verstanden werden. Die Schwingungen beziehungsweise die Energie, die der bloße Gedanke an "Porsche" aussendet, verursachen natürlich nicht, dass wie von Zauberhand plötzlich ein Porsche vor der Tür parkt. Das Universum wird dir nicht im direkten Sinne einen Porsche schicken, sondern dir Möglichkeiten eröffnen, die dich deinem Ziel näher bringen. Die Voraussetzung dafür ist immer, dass ausschließlich positive Gefühle in dem Wunsch liegen, sodass auch Positives vom Universum zurückkommen kann. Das heißt: auch das Gefühl hinter dem Wunsch muss positiv sein. Wenn der Wunsch hinter dem Porsche eigentlich der ist, das neidische

Gesicht der Kollegen zu sehen, wenn er auf den Parkplatz fährt oder du aber selbst denkst, dass du einen Porsche eigentlich gar nicht verdient hast, sendet beides negative Schwingungen aus. Nur positive Gedanken und Gefühle sind positive Energie und ziehen damit wiederum positive Energien an. Es ist also wichtig, daran zu arbeiten, eine möglichst positive Einstellung in Bezug auf seine Wünsche zu haben. Und sie so zu verinnerlichen, um starke positive Energien anziehen zu können. Dies ist ein Prozess, den du nicht dadurch hemmen solltest, dass du dir zeitlich begrenzte Ziele setzt. So entstehen Gedanken wie "wann manifestiere ich diesen Wunsch denn endlich?" oder gar "wenn das bis Sonntag nicht klappt, dann lass ich's!" - positiv ist anders. Stattdessen solltest du mit Vertrauen in das Universum und dich selbst, sowie mit Gelassenheit und Zuversicht an die Sache herangehen und vor allem daran glauben, dass es funktionieren wird. Denn wenn dein Wunsch von Zweifeln begleitet wird, entstehen ebenfalls negative Gefühle, ergo negative Schwingungen. Die Manifestation eines Wunsches kann nicht erzwungen werden. Du kannst aber die Chancen, dass der Wunsch sich manifestieren wird durch die Frequenz der Schwingungen, die du aussendest, beeinflussen. Theoretisch besteht die Kunst einen Wunsch zu manifestieren darin, eine möglichst hohe positive Schwingungsfrequenz auszusenden. Dies kann durch verschiedene Methoden unterstützt werden.

Schwingungsfrequenz erhöhen durch...

...Visualisierung. Du kannst deinen Wunsch durch verschiedene Techniken der Visualisierung verinnerlichen. Das Ziel hierbei ist es, ein Gefühl dafür zu bekommen, wie du dich fühlen würdest, wenn der Wunsch bereits in Erfüllung gegangen wäre. Bis du an den Punkt gelangst, an dem du dich bereits tatsächlich so fühlst. Dieses Gefühl sendet sehr hohe positive Schwingungen aus. Mit wenig Aufwand und wann immer du Zeit findest, kannst du dir in Gedanken ein Bild von der Erfüllung deines Wunsches vorstellen. Wähle dafür ein prägnantes Motiv. Geht es beispielsweise um das Bestehen einer Prüfung, könntest du dir dich selbst mit dem Zeugnis in der Hand vorstellen. Konzentriere dich immer wieder auf das Bild und spüre, was du empfindest. Mit der Zeit kannst du verschiedene weitere Bilder hinzufügen. Auf das Bestehen der Prüfung bezogen könntest du dir beispielsweise vorstellen, wie du dem Prüfer die Hand schüttelst. Die Möglichkeiten der Visualisierung sind dabei natürlich nicht nur auf 'unsichtbare' Methoden begrenzt. Visualisierung darf auch im einfacheren Sinne wörtlich genommen werden. Wenn du Spaß an Kunst hast, könntest du tatsächlich Bilder zeichnen, die dich am Ziel deiner Träume zeigen. Du kannst auch eine spezielle Mappe anfertigen, in der du Zeitungsausschnitte, Fotografien und Bilder sammelst, die für dich die Erfüllung deines Wunsches symbolisieren. Oder du richtest einen Ordner auf deinem Smartphone ein und speicherst dort für dich passende Bilder ab. Mit der Zeit wirst du feststellen, dass es dir immer leichter fällt, die Bilder und vor allem die dazugehörigen Gefühle bewusst abzurufen, sie quasi "heraufzubeschwören".

...Selbstfürsorge. Indem du dafür sorgst, dass es dir gut geht, sorgst du dafür, dass Glückshormone ausgeschüttet werden, die positive Schwingungen erzeugen. Du kannst ein entspannendes Bad nehmen, ein besonders gutes Essen genießen oder Zeit mit Menschen verbringen, die dir gut tun. Sport ist auch sehr gut geeignet, achte hier aber darauf, eine Betätigung zu wählen, zu der du dich nicht zwingen musst. Der eine kann beim Joggen abschalten, für den anderen ist es eine Qual. Der eine genießt lange Spaziergänge, der andere findet sie sterbenslangweilig. Finde etwas, das du auch wirklich gerne für dich tun kannst. Vielleicht möchtest du sogar ein festes Ritual einführen und bestimmte kleine Dinge täglich oder wöchentlich für dich tun. Eine nette Idee, um das Ganze etwas kreativer und abwechslungsreicher zu gestalten, ist ein "Glücksmoment-Glas". Schreibe dafür verschiedene Dinge, die dir gut tun auf kleine Zettelchen, die du in einem Glas, einem Karton oder einer kleinen Schatulle aufbewahrst. Nimm dir vor, zwei- oder mehrmals pro Woche einen Zettel daraus zu ziehen und dir an diesem Tag, ungeachtet dessen, was sonst noch ansteht, Zeit für dich zu nehmen und dir etwas Gutes zu tun.

...bewusst positiv formulierte Gedanken. Versuche all deine Wünsche, selbst die kleinsten, positiv zu formulieren. Streiche dafür z.B. das Wort 'nicht' aus deinen Gedanken. Denke anstatt "ich möchte nicht ewig auf einen Parkplatz warten" lieber "ich möchte schnell einen Parkplatz finden". Während im ersten Gedanken schon eine gewisse Verärgerung und Angst mitschwingt, konzentriert sich der zweite auf das positive Ereignis, das gewünscht ist. An den Gedanken "Ich möchte nicht für immer allein bleiben." sind negative Gefühle, wie Angst und Trauer, geknüpft, denn allein der Gedanke schafft die Möglichkeit dafür, dass es so sein wird. Der Gedanke "Ich möchte einen Partner finden." oder noch besser "ich werde einen Partner finden." impliziert im Gegensatz dazu positive Gefühle, wie Hoffnung oder Freude. Und dadurch erhöhen sich die Chancen darauf, dass das Erhoffte eintritt. Es wird eine Weile dauern, aber mit genug Übung wirst du bemerken, dass es dir immer öfter auf Anhieb gelingt, einen Gedanken positiv zu formulieren, bis es schließlich so gut wie automatisch passiert.

...Achtsamkeit. Mit den Übungen aus Kapitel 2 hast du bereits einiges darüber gelernt, wie du dich selbst und deine Wünsche auf achtsame Weise besser kennen lernen kannst. Achtsamkeit kann aber noch mehr. Die Welt achtsam zu betrachten bedeutet, möglichst viel wahr zu nehmen und dabei möglichst wenig zu urteilen. Es bedeutet, genauer hinzusehen, dabei aber gefühlsmäßig einen Schritt zurück zu gehen. Das Ziel ist es, die Dinge sehr genau wahrzunehmen, ihnen aber darüber hinaus die Bedeutung und die Macht, die sie über deine Gedanken und Gefühle haben, zu nehmen. Das lässt sich einfach an einer simplen Grundübung erläutern: Suche dir einen Alltagsgegenstand. Eine Zahnbürste, eine Kaffeetasse, ein Kleiderbügel - die Übung kann mit jedem beliebigen Gegenstand durchgeführt werden. Versuche nun, den von dir gewählten Gegenstand so genau du kannst zu beschreiben und nutze dafür deine Sinne. Stell dir vor, dir säße ein außerirdisches Wesen gegenüber, das den Gegenstand noch nie gesehen und auch noch nie etwas davon gehört hat. Wie sieht der Gegenstand aus? Ist er länglich, bauchig, glänzend, matt, hell? Stelle bei deiner Beschreibung keine Vergleiche an! Es geht nur darum, genau diesen einen Gegenstand objektiv zu beschreiben. "Die Zahnbürste sieht ganz normal aus und ist ungefähr so lang wie ein A3-Heft hoch ist", wäre beispielsweise absolut keine gute Beschreibung, denn der Außerirdische kennt weder den Normalzustand einer Zahnbürste, noch ein A3-Heft. "Der Gegenstand ist länglich und schmal, an einem seiner zwei Enden befinden sich viele dünne Fortsätze." wäre ein besserer Anfang. Nutze alle fünf

Sinne. Wie fühlt sich der Gegenstand an? Lässt er sich beispielsweise verbiegen? Ist er warm oder kalt? Ist die Oberfläche vielleicht klebrig oder ist sie ganz glatt? Wie riecht er? Schmeckt er nach etwas? Macht er Geräusche? Versuche deine eigene Meinung beziehungsweise deine eigene Interpretation dabei außer Acht zu lassen. Es spielt keine Rolle, ob es für dich ein schönes Geräusch ist, oder ein unerträgliches. Beschreibe lediglich, wie es sich anhört. Durch Achtsamkeitsübungen dieser Art lernst du, Dinge wahr zu nehmen, ohne sie direkt automatisch mit subjektiven Gefühlen und Gedanken zu belasten. Die Dinge zunächst "so zu sehen, wie sie sind", bevor du sie so siehst, wie deine Erfahrungen und Gefühle es dich gelehrt haben. Mit etwas Übung hilft dir diese Betrachtungsweise, dich besser von negativen Gedanken und Gefühlen abgrenzen zu können. Wer achtsam durchs Leben geht erkennt außerdem die Chancen leichter, die das Universum ihm bietet.

...Meditation. Es gibt unzählige verschiedene Arten und Techniken der Meditation. Wenn du dich dafür begeistern kannst, lohnt es sich, dich genauer damit zu befassen, um die individuell am besten geeignete(n) Methode(n) für dich zu finden. Bei der

Meditation geht es um das pure Sein. Klingt zunächst logisch, wie sollte man denn auch nicht sein? Aber es steckt mehr dahinter. Es geht darum, in sich selbst zu blicken und dort zur Ruhe zu kommen. Das Innen mit dem Außen in Einklang zu bringen und bei sich selbst anzukommen. Durch Meditationsübungen kannst du lernen, dein Inneres so zu sehen, wie es ist und zu erkennen, wer du bist. Nicht wie du selbst glaubst zu sein oder wie Andere dich gerne hätten. Es ist ein Prozess der Selbsterkenntnis.

...Verbundenheit mit der Natur. Zeit in der Natur zu verbringen kann dir dabei helfen, die Verbundenheit zwischen dir und dem Universum stärker wahrzunehmen. Gewässer, Pflanzen und Tiere - alles was in der Natur zu finden ist gehört genauso zum Universum, wie du es tust. Wenn du genau hinsiehst, kannst du die unglaublichsten und schönsten Launen der Natur beobachten. Je mehr Zeit du draußen verbringst, desto feiner wird dein Gespür für die gegebene Schönheit der Natur werden.

...Gelassenheit und Vertrauen. Es mag albern klingen, aber selbst die positivste Einstellung der Welt hat nicht den gewünschten Effekt, wenn du nicht wirklich daran glaubst. Schiebe deine Zweifel beiseite. Wenn es beispielsweise dein Wunsch ist, Freunde zu finden, glaube daran, dass du Freunde finden wirst. Der Gedanke "ich werde Freunde finden" verliert seine Positivität komplett, wenn ihm ein "...falls dieses blöde Gesetz der Anziehung tatsächlich irgendwann mal funktioniert." folgt. Vertraue darauf, dass es passieren kann und wird und streiche die Zweifel. Bleibe gelassen und erinnere dich daran, dass dies kein "Sprint zum Glück", sondern eine Reise hin zum Leben im Einklang mit deinen Bedürfnissen und dem Universum ist. Die Kraft der Anziehung ist ein Naturgesetz, du musst es weder erzwingen, noch kannst du es ändern. Vertraue ihm.

Kapitel 4: Positiver Umgang mit negativen Gedanken

Trotz aller Achtsamkeit und Positivität ist es natürlich realitätsfern zu glauben, dass alle negativen Gedanken und Gefühle komplett aus der Wahrnehmung ausgeschlossen werden können. Und das ist auch gut so! Denn es gibt durchaus negative Gefühle, die ihre Daseinsberechtigung haben. Gefühle wie Angst und Ekel beispielsweise, sind tief in der menschlichen Natur verwurzelt und dienen einem lebenserhaltenden Zweck. Das Gefühl der Angst sorgt für eine Adrenalinausschüttung, die die Reaktionsgeschwindigkeit und Stärke des Körpers in Gefahrensituationen verbessert. Das führt dazu, dass Menschen in extremen Angstsituationen ihre Muskelkraft effektiver abrufen und nutzen können, um die Situation zu überleben. Der natürliche Ekel schützt den menschlichen Körper davor, mit für ihn schädlichen Stoffen in Kontakt zu treten. Ein ganz simples Beispiel: beim Anblick von verschimmeltem Brot oder dem Geruch von verfaulten Eiern entsteht automatisch Ekel. Im Grunde sind dies also Gefühle, die negativ erlebt werden, in gewissen Situationen aber trotzdem von Vorteil sind. Die Frage muss also nicht nur lauten: Fühlt es sich negativ an? Sondern zusätzlich auch: erfüllt es vielleicht trotzdem einen notwendigen Zweck? Merk dir also: es ist normal und gesund, auch negative Gefühle zu spüren. Der springende Punkt ist, ihnen dann, wenn du sie als überflüssig und nicht zweckdienlich empfindest, keine Bedeutung zuzumessen. Du kannst dich nicht zwingen, etwas nicht zu empfinden. Und das wäre auch nicht sinnvoll in Bezug auf die Kraft der Anziehung. Es passieren Dinge, die gewisse Gefühle geradezu erfordern, um mit ihnen fertig zu werden. Auf den Tod eines geliebten Menschen ist Trauer eine natürliche Reaktion. Empfindest du diese Trauer von vorne herein als "Feind", den es zu eliminieren gilt, wird die Trauer nicht verschwinden, es wird höchstens noch Wut oder Verzweiflung hinzukommen. Die positivste Art mit solchen unvermeidbaren negativ erlebten Gefühlen umzugehen, ist, sie anzunehmen. Wenn du dem Gefühl wertschätzend, anstatt ablehnend gegenübertrittst, verliert das Gefühl selbst an Negativität. Manchmal bedeutet "das Beste daraus zu machen" einfach nur, sich nicht gegen Dinge zu wehren, die es gar nicht zu bekämpfen gilt.

Radikale Akzeptanz

Du hast vielleicht schon einmal von der Methode der radikalen Akzeptanz gehört. Dabei geht es darum, negative Geschehnisse ohne Wenn und Aber zu akzeptieren. Was passiert ist, ist passiert. Es kann nicht mehr geändert werden. Im Gegensatz dazu kann aber die Art, auf die du mit dem Geschehenen umgehst, einiges ändern. Groll und langes Nachtragen sorgen dafür, dass das Geschehene noch lange nachdem es passiert ist negative Schwingungen verursacht und somit einen negativen Einfluss auf dein Leben hat. Indem du lernst, unabänderliche Dinge zu akzeptieren, komplett anzunehmen, nimmst du ihnen einen großen Teil ihrer Macht. Was geschehenist, ist geschehen. Was weiterhin geschieht, liegt in deiner Hand. Um radikale Akzeptanz zu demonstrieren, wird als Beispiel gerne das Wetter herangezogen. Stell dir vor: Du wachst an einem Samstagmorgen auf und freust dich schon darauf, gleich einen langen Spaziergang mit einem gemütlichen Picknick in der Natur zu unternehmen. Doch der Blick aus dem Fenster ist ernüchternd: soweit du sehen kannst türmen sich graue Wolken am Himmel und die ersten Regentropfen fallen auch schon. Blöd, da hat dir das Wetter einen Strich durch die Rechnung gemacht! Aber schon das ist falsch. Das Wetter verfolgt keine Absichten hinsichtlich deines Tagesplans. Für dich spielt es auch keine Rolle, aus welchen Gründen es regnet. Anstatt in dieser Situation über das Wetter zu fluchen, den Tag auf der Couch zu verbringen und bei jedem Blick aus dem Fenster erneut von einer Welle des Ärgers und der Enttäuschung überrollt zu werden, solltest du versuchen, den Regen einfach direkt als gegeben anzunehmen. Es regnet. Punkt. Nichts, was du tust, kann diese Tatsache in diesem Moment ändern. Akzeptiere den Regen und versuche, auf positive Weise mit der neuen Situation umzugehen. Es regnet, also ziehe Gummistiefel an, nehme einen Schirm mit und mache deinen Spaziergang trotzdem. Und achte dabei darauf, dass du deinen Spaziergang im Regen um seinetwillen genießt. Das gelingt dir nur, wenn du aufhörst die gegenwärtige Situation mit der optimalen Situation, die du dir vorgestellt hattest, zu vergleichen. Denke "Das ist ein schöner Spaziergang im Regen." ohne direkt ein "...aber bei gutem Wetter wäre es viel schöner gewesen." hinten an zu hängen.

Natürlich ist trotzdem spazieren zu gehen nur eine Möglichkeit, die du hast. Genauso kannst du den Regen annehmen, indem du entscheidest, deinen Ausflug ins Grüne auf einen anderen Tag zu verschieben und heute dafür etwas Schönes in den trockenen eigenen vier Wänden zu machen. Wenn du das beschließt, hast du es beschlossen. Denk nicht weiter darüber nach, wie schön es gewesen wäre, heute nach draußen in die Sonne zu gehen - denn heute gibt es nun mal keine Sonne. Distanziere dich in Gedanken von deinem "durchkreuzten Plan", finde eine situationsangemessene Alternative und beschäftige dich nicht mit "wäre, hätte, könnte". Je öfter du die radikale Akzeptanz bewusst übst, desto leichter wird es dir fallen, Dinge, die du nicht (mehr) ändern kannst, hinzunehmen. Du wirst feststellen, dass dies wirklich hilfreich ist, um Negativität zu vermeiden, beziehungsweise ihr nicht mehr Raum als nötig einzuräumen.

Schlusswort

Hoffentlich konnte dir dieses kleine Buch das Prinzip hinter der Kraft der Anziehung näher bringen und dich auf den ersten Schritten hin zu einem Leben im Einklang mit dir selbst und dem Universum begleiten. Zum Abschluss möchte ich dir vor allem Eines mit auf den Weg geben: vergiss nie, dass die Fähigkeit, die Kraft der Anziehung zu nutzen, bereits in dir steckt. Du bist ein Teil des Universums. Und je mehr es dir gelingt, daran zu glauben, desto mehr, wird es so sein. Seit deiner Kindheit kennst du bestimmt den Satz "Alles kann wahr werden, wenn du nur fest genug daran glaubst." - glaube daran.

Nachricht an den Leser

Lieber Leser, liebe Leserin,

leider hat dieses Buch nur Schwarz-Weiß Bilder. Wir hätten sehr gerne das Buch in Farbe drucken lassen, jedoch sind wir nur ein sehr kleiner Verlag. Daher sind die Druckkosten sehr hoch und wir hätten dieses Buch nicht unter 20€ anbieten können, was unangemessen teuer ist.

Als kleine Entschuldigung würden wir Ihnen gerne das Buch als PDF mit Farbbildern zusenden.

Schreiben Sie uns einfach eine E-Mail an:

dein.buecher.shop@gmail.com

Wir hoffen auf Ihr Verständnis.

Quellen

http://secret-wiki.de/wiki/Gesetz_der_Anziehung

https://ziele.christaherzog.com/ist-manifestieren-ein-geheimnis/

http://www.astrolymp.de/wuensche-manifestieren/

http://www.gesetz-der-anziehung.eddanima.net/manifestieren.html

https://ich-will-meditieren.de/

https://www.psyberlin.com/

http://www.zeitblueten.com/news/achtsamkeitsuebungen/

http://www.charismaexperience.de

http://www.privatedimension.at/visualisieren.html

https://selbstwaerts.de/kleine-helfer/schwingung-erhoehen/

http://transinformation.net

http://www.gf-freiburg.de

https://www.vigeno.de/thorsten-weiss/psychologie-die-schwingung-noch-weiter-erhoehen-free

Impressum

Business Center

Dubai World Center

P.O. Box 390667

Wichtiger Hinweis:

Die in diesem Buch enthaltenen Informationen dienen ausschließlich informativen Zwecken und dürfen unter keinen Umständen als Ersatz für eine professionelle Beratung oder Behandlung durch ausgebildete und anerkannte Ärzte angesehen werden. Diese beinhalten keinerlei Empfehlungen bezüglich bestimmter Diagnose- oder Therapieverfahren. Die Inhalte dürfen niemals als eine Aufforderung zur Selbstbehandlung oder als Grundlage für Selbstdiagnosen und -medikation verstanden werden. Die Informationen spiegeln lediglich die Meinung des Autors wieder. Der Autor übernimmt für die Art oder Richtigkeit der Inhalte keine Garantie, weder ausdrücklich noch impliziert.

Sollten Inhalte des Buches gegen geltendes Recht verstoßen, dann bittet der Autor um umgehende Benachrichtigung. Die betreffenden Inhalte werden dann umgehend entfernt oder geändert.

Haftung für Links

Das Buch enthält Links zu externen Webseiten Dritter, auf deren Inhalte wir keinen Einfluss haben. Deshalb können wir für diese fremden Inhalte keine Gewähr übernehmen. Für die Inhalte der verlinkten Seiten ist stets der jeweilige Anbieter oder Betreiber der Seiten verantwortlich. Die verlinkten Seiten wurden zum Zeitpunkt der Verlinkung auf mögliche Rechtsverstöße überprüft. Rechtswidrige Inhalte waren zum Zeitpunkt der Verlinkung nicht erkennbar. Eine permanente inhaltliche Kontrolle der verlinkten Seiten ist jedoch ohne konkrete Anhaltspunkte einer Rechtsverletzung nicht zumutbar. Bei Bekanntwerden von Rechtsverletzungen werden wir derartige Links umgehend entfernen.

35378417R00031

Printed in Poland
by Amazon Fulfillment
Poland Sp. z o.o., Wrocław